Het gehe...
oma S...

Geertje Gort
Tekeningen van Pauline Oud

Z ➤ ♀🗄🚻✉   Zwijsen

Geheim

Juul en Bram wonen in een nieuw huis.
Het is een groot huis met een zolder.
Het is spannend op zolder.
Er staat van alles.
Een grote koffer en een kist.
Een kapstok en een spiegel.
Een doos vol boeken.
'Die spullen zijn van oma Sien,' zegt Juul.
'Van de oma van papa!'
Bram knikt.
'Oma Sien is dood, hè?'
'Ze was al heel oud,' zegt Juul.
'Mogen we in de koffer kijken?' vraagt Bram.
'Vast wel,' zegt Juul.
'Alles is nu van papa en mama.'
Juul doet de koffer open.
'Moet je zien!' roept ze.
'Wat een mooie kleren!
Het zijn danskleren.'

3

Juul trekt een bloes aan met glitters.
Bram vindt een jasje met gouden knopen.
Ze gaan voor de spiegel staan.
'Wat zijn we deftig,' zegt Juul.
'We gaan samen trouwen, Bram!'
'Ik wil niet trouwen,' zegt Bram.
Hij trekt het jasje snel uit.
Juul doet de feestbloes ook maar uit.
'We gaan achter het gordijn kijken!'
roept ze.
'Is dat niet eng?' vraagt Bram.
'Een beetje,' zegt Juul.
'Misschien zit er wel een spook.'
Bram duikt weg achter de grote kist.
'Ik ben bang voor spoken, Juul!'
Juul lacht.

'Ik maak maar een grapje.
Spoken bestaan niet.'
Juul schuift het gordijn opzij.
'Geen spook te zien!' roept ze.
'Kom maar, Bram.
Er staat een oude wagen.
Daar lag papa als kind in.
Klim er maar in, dan rijd ik je!'

Bram kijkt om het hoekje van het gordijn.
'Durf je niet?' vraagt Juul.
Het is echt niet eng hoor.'
Juul duwt de wagen naar het gordijn
en Bram kruipt erin.
'Au!' roept Bram. 'Ik zit op iets.'
Juul gaat kijken.
'Het is een kistje!' roept ze.
'Moet je kijken, Bram!'
'Er staat GEHEIM op.
Zal ik het open maken?'
'Goed,' fluistert Bram.
'Maar als er nou een spookje in zit?'
'Dat zit er niet in,' zegt Juul.
Ze maakt het kistje open en roept:
'Er zit een briefje in!'
'Lees dan, lees dan!' roept Bram.
'Ik kan het niet lezen,' zegt Juul.
'Er staan hele gekke woorden in.

Ni ed nuit si nee schat

Een gek briefje

Juul en Bram rennen de trap af.
'Mama, mama, waar ben je?'
'Ik ben in de keuken!' roept mama.
'Ik maak de kastjes schoon.
Komen jullie wat drinken?'
Juul en Bram stormen de keuken binnen.
'Nou, nou, wat een haast,' zegt mama.
'We hebben een geheim!' roept Bram.
'Wat zeg je?' vraagt mama.
Juul zet het kistje op tafel.
'Kijk maar, mama, er staat GEHEIM op!
En er zit een briefje in.
Een heel gek briefje.'
Mama zet haar bril op en leest:

Ni ed nuit si nee schat

8

Mama lacht.
'Het is een soort raadsel,' zegt ze.
'Echt een grapje van oma Sien.
Oma Sien hield van grapjes.'
'Maar wat staat er dan?' roept Bram.
'Tja,' zegt mama, 'dat weet ik ook niet.
We gaan het aan papa vragen
als hij thuis komt.'

Papa komt pas om vijf uur thuis.
Juul en Bram kijken steeds op de klok.
Juul zucht.
'De middag duurt lang,' zegt ze.
'Ik wil weten wat op het briefje staat!'
'Nog even geduld,' zegt mama.
'Kom mij maar helpen,
dan gaat de tijd sneller.'
Juul geeft de kopjes aan en de borden.
Bram speelt met zijn lego.

Dan horen ze de auto van papa ...
Ze rennen naar het raam.
En drukken hun neus tegen de ruit.
Papa moet erom lachen.
Hij komt meteen naar binnen.

'Papa!' roept Bram.
'We hebben een geheim!'
'Een geheim?' vraagt papa verbaasd.
'Zit het in je zak, Bram?'
'Nee papa, het geheim zit in het kistje.'
'Hier snap ik niks van,' zegt papa.
Juul heeft het kistje op tafel gezet.
'Kijk dan, pap, er zit een briefje in.'
Papa strijkt het briefje glad.
Hij leest heel langzaam:

13

Ni ed nuit si nee schat
'Wat een gek briefje,' mompelt papa.
'Weet jij wat er staat, Juul?'
Juul schudt haar hoofd.
'Mama zegt dat jij het wel weet, papa.'
Papa leest de woorden nog een keer.
Hij begint te lachen.
'Ik weet het!' roept hij.
'Het is een briefje van mijn oma Sien!
Vroeger schreef ze mij ook zulke briefjes.
Dan mocht ik iets lekkers zoeken.
Dan legde ze een briefje op tafel.

14

Een briefje met gekke woorden.
Wacht, ik heb er nog één bewaard.
Ik zal het jullie laten zien.'
Papa komt terug met een gekreukt briefje.
Hij grinnikt.
'Op dit briefje staat: Koez ni ed tsak.
Weet je wat dat betekent?
Zoek in de kast!'
'Is het een vreemde taal?' vraagt Juul.
Papa lacht weer.

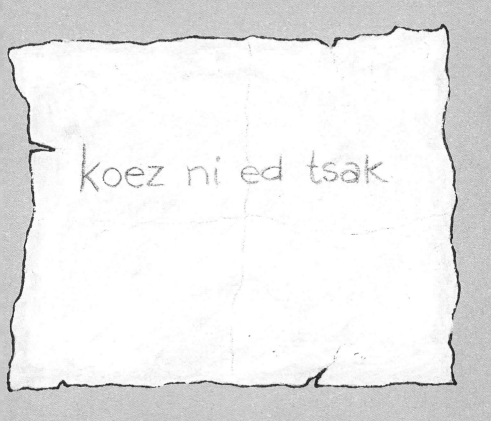

'Nee hoor, het is geen Russisch of Frans.
Het is de taal van oma Sien.
Weet je wat ze deed?
Ze keerde de woorden gewoon om.
Pak je schoolbord maar even, Bram.'
Met een krijtje schrijft papa:

Koez ni ed tsak

Juul probeert de woordjes om te keren.
Ze leest: Zoek in de kast

'Wat grappig!' roept ze.
Zullen we nu ons briefje lezen?'
Ze pakt het briefje en leest:

Ni ed nuit si nee schat

Nuit = tuin

Ni ed nuit si nee schat

'Ik schrijf de woorden op,' zegt papa.

Ni	=	In
ed	=	de
nuit	=	tuin
si	=	is
nee	=	een
schat	=	schat

'Lees maar wat er staat,' zegt papa.
Juul leest de woorden:

In de tuin is een schat

'Waarom keert oma Sien het woord
schat niet om?' vraagt Juul.
'Omdat het een moeilijk woord is,' zegt papa.
'In de tuin ligt dus een schat,' zegt Juul.
'Maar waar?'
'Onder de grote boom!' roept Bram.
En mama zegt: 'Misschien bij de rozen.
Oma Sien hield van rozen.'
Papa bekijkt het kistje nog eens goed.

'Dit kistje ken ik,' zegt hij.
'Oma Sien heeft er voor mij ook eens
een briefje in gedaan.
Eerst kon ik het niet vinden.
Maar toen ineens vond ik het.
Hoe zat dat ook alweer?'
Papa denkt heel diep na.
Ineens roept hij: 'Ik weet het!
Er zit een losse bodem in.'
Papa tilt een plankje op.
Hij vindt nog een briefje.
'Wat staat erin, pap?' vraagt Juul.
Papa grinnikt.
'Het is een echt Oma Sien briefje,' zegt hij.
Ik zal het lezen.

In de tuin is een schat.
Aan het eind van het pad.
En waar de rozen geuren.
Gaat nu iets gebeuren.

'Je hebt gelijk, mama!' roept Juul.
'De schat ligt bij de rozen!'

Pap haalt een schep.
'Spannend, spannend!' roept Bram.
'Denk je dat we de schat vinden, papa?'

'Vast wel,' zegt papa.
'Toen ik zeven werd, heeft oma Sien
voor mij iets verstopt.
Ik heb het toen ook gevonden.'
'Wat was het dan, papa?' vraagt Juul.
'Een klokje aan een ketting,' zegt papa.
'Het was van opa Roel.
Ik vond het heel mooi.'

De schat

Met zijn vieren lopen ze het pad af.
Papa loopt voorop met de schep.
Niemand zegt een woord.
Het is veel te spannend ...
'We zijn vlakbij de rozen,' fluistert mama.
'En ze geuren ook nog!'
'Ja,' zegt Juul, 'de rozen geuren.
Nu gaat het gebeuren.'

Papa begint te scheppen.
Hij raakt de wortels van de rozen niet.
Dat mag niet, dan gaan ze dood.
Papa steekt de schep schuin in de aarde.
'Voel je al iets, papa?' vraagt Juul zachtjes.
'Nog niet,' zegt papa.
'Maar ik moet er nu dichtbij zijn.
De briefjes van oma Sien jokken niet.'
Papa veegt het zweet van zijn voorhoofd.
Hij begint opnieuw te scheppen.
Ineens komt er een lachje op zijn gezicht.
'Ik geloof dat ik iets raak ...
Ja hoor, ik voel iets.
Ik heb beet.'
Juul moet erom lachen.
'Een vis aan de haak?' vraagt ze.

'Ik heb een schat!' roept papa.
'Ik weet het zeker.'
Papa schept nog een beetje aarde weg.
En dan, ja hoor: daar is de schat!
Een rood kistje met een gouden slotje.

'Wat mooi!' roept Juul.
En Bram roept: 'Maken we het open?'
'Straks,' zegt mama, 'als we binnen zijn.'
Met een veger haalt papa de aarde
van het kistje.
'Dit kistje was van opa Roel,' zegt hij.
Het komt uit een heel ver land.
Hij heeft het in China gekocht.'
Juul en Bram zijn er stil van.
'In China,' zegt Juul. 'Dat is ver!'

Ze gaan naar binnen.
'Spannend hoor.
Om het kistje open te maken,' zegt mama.
'Nou en of,' zegt papa.
'Zal ik het maar doen?
Ik weet hoe het slotje werkt.'
Juul en Bram houden hun adem in.
Wat zit er in dat kistje?
Papa klapt het deksel omhoog.
'Twee gouden doosjes!' roept Juul.
'Met onze namen erop: Bram en Juul!'
'Maak je doosje maar open, Bram,' zegt
mama.
Bram klapt het deksel omhoog.
'O, wat mooi!' roept hij.
'Een glazen bol met sterren.

Kijk, als ik hem schudt, komt er sneeuw.'
'Nu mag jij, Juul,' zegt papa.
Juul pakt het tweede doosje.
'Ik heb ook een glazen bol!' roept ze.
'Kijk, in die van mij zit de zon!'
'En er zit een briefje bij,' zegt mama.
'Lees het maar voor, Juul.'
Juul leest: 'Voor Bram en voor Juul.
Deze bol brengt geluk!'

Zonnetjes bij kern 7 van Veilig leren lezen

1. Het geheim van oma Sien
Geertje Gort en Pauline Oud

2. Milo
Christel van Bourgondië en Josine van Schijndel

3. De schat van opa
Anton van der Kolk en Harmen van Straaten

NEDERLANDSE
KINDERJURY
2007

ISBN 90.276.0872.5
NUR 287
1e druk 2006

© 2006 Tekst: Geertje Gort
© 2006 Illustraties: Pauline Oud
Vormgeving: Rob Galema
© Uitgeverij Zwijsen B.V., Tilburg

Voor België:
Zwijsen-Infoboek, Meerhout
D/1919//2006/208